AF388878

Alphonse LEFEBVRE

Docteur en droit

Avocat au Conseil d'État

et à la Cour de cassation

PAROLES D'ADIEU

Prononcées le 9 Janvier 1879

PAR

M. BELLAIGUE

PRÉSIDENT DE L'ORDRE DES AVOCATS

AU CONSEIL D'ÉTAT ET A LA COUR DE CASSATION

SUR LA TOMBE DE SON CONFRÈRE

ALPHONSE LEFEBVRE

« Je ne puis laisser cette tombe se fermer sans qu'une voix amie et confraternelle soit ici l'écho de vives douleurs et de regrets unanimes.

« La mort prématurée et presque subite d'Alphonse Lefebvre enlève à notre famille judiciaire un de ses membres les plus aimés et les plus dignes de l'être.

« Entré au Barreau du Conseil d'État et de la Cour de cassation en 1861, appelé au Conseil de l'ordre par les suffrages de ses confrères en 1872, Lefebvre nous appartenait depuis près de dix-huit ans.

« Il nous appartenait bien par l'esprit et par le cœur. Instruit à l'école d'un maître illustre et regretté, il avait laissé plusieurs d'entre nous le précéder de quelques années dans une carrière à laquelle il était préparé de longue date par un enseignement supérieur et les aptitudes les plus heureuses, mais au seuil de laquelle le retenaient sa modestie naturelle et son attachement pour notre excellent maître.

« Avant d'être des nôtres, il comptait parmi nous pour amis tous ses anciens collaborateurs. Entré au Barreau, il compta pour amis tous ses confrères, et conquit l'estime de ses clients et de ses juges, comme il avait conquis l'estime de celui qui, après avoir été le premier parmi nous, fut le premier dans la Magistrature suprême à laquelle nous sommes attachés.

« Le souvenir de l'avocat et du jurisconsulte vivra dans l'esprit de tous ceux que l'étude du droit appelle à profiter des précieux travaux et de l'important ouvrage qu'il nous a laissés.

« Le souvenir du confrère et de l'ami vivra dans nos cœurs.

« Vous parlerai-je du fils tendre et dévoué que j'ai connu, enfant adoré d'une mère adorable, et de qui l'on pouvait dire : « Un fils n'est jamais un homme pour sa mère ! » du père de famille, écartant du foyer domestique les préoccupations inséparables de nos travaux, pour n'y apporter que cette vive affabilité, cette gaîté bienveillante et communicative dont il avait charmé notre jeunesse !

« Il y a des qualités si intimes et si délicates que l'on craint presque de les profaner en les publiant ; mais il est une vertu que je puis et que je dois rappeler, pour le plus grand honneur de celui que nous pleurons, pour le plus grand exemple de ceux qui lui survivent, de ce fils qui m'entend, héritier déjà de l'esprit et du cœur paternels, trop jeune pour subir une pareille infortune, mais non trop jeune pour en comprendre l'étendue et en adoucir l'amertume au cœur vaillant et désolé de son excellente mère ; cette vertu que je veux glorifier, c'est le courage constant et modeste dont notre ami a fait preuve pendant ces jours néfastes où la patrie avait besoin du cœur et du bras de tous ses enfants.

« Étranger aux ambitions et aux agitations de la vie politique, il ne voulut jamais servir qu'un parti, celui de son pays menacé ; mais il le servit bien, en soldat spontané, simple et courageux.

« Que ce dernier hommage rendu à la mémoire du citoyen soit en même temps l'adieu du confrère et de l'ami !

» Si j'avais à parler ici au nom de ceux qu'il a le plus aimés, au nom de sa mère, de sa femme, de ses enfants, au nom de ces âmes pieuses et tendres qui ne voient dans la vie qu'une étape douloureuse sur le chemin du bonheur, ce n'est pas un adieu que j'adresserais à notre ami, c'est un rendez-vous que je lui donnerais, en leur nom, au séjour de l'éternelle réunion et de l'éternelle joie ! »

ARTICLE PUBLIÉ

DANS LE

JOURNAL DU NOTARIAT

DU 19 FÉVRIER 1879

Des voix plus autorisées que la nôtre ont déjà rendu à la mémoire de M. Alphonse Lefebvre les hommages dont elle était digne.

L'un de nos premiers journaux judiciaires a rappelé, en les appréciant à leur juste valeur, les précieux services que M. Lefebvre a rendus à la science du droit, et les œuvres savantes dont il a su l'enrichir. L'Ordre des avocats au Conseil d'État et à la Cour de cassation est venu, à son tour, par la voix de son président, dire un dernier et touchant adieu au confrère aimé et estimé de tous, à celui que tous avaient connu droit et généreux, fidèle et dévoué, vaillant et modeste jusque dans l'accomplissement des devoirs les plus délicats ou les plus périlleux. — Ces éloges ont été reproduits ici et ont certainement trouvé un écho dans tous les cœurs. Est-il besoin d'y rien ajouter, et pourrions-nous, en vérité, mieux penser et mieux dire? Non, assurément. Et cependant, en prenant pour la première fois dans ce journal la place de celui qui, hier encore, en était le principal organe, nous ne pouvons nous défendre d'une profonde émotion, et nous nous sentons pressé de venir à notre tour, en notre nom et au nom de nos lecteurs, payer à M. Alphonse Lefebvre le tribut de notre reconnaissance.

Quand on remonte le cours des dix-sept années que
M. Lefebvre a consacrées, non-seulement à l'exercice de
sa profession, mais encore, et surtout, on peut le dire, à
la rédaction du *Journal du Notariat*, on ne peut s'em-
pêcher d'admirer tout d'abord l'assiduité constante, le
zèle infatigable et la scrupuleuse exactitude qu'il apportait
à l'accomplissement de sa tâche. Il semblait qu'il eût fait
sienne la devise du poète :

> .....Justum ac tenacem
> Propositi virum.....

Il suivait, en effet, avec une ténacité persévérante, et
sans en dévier jamais, le sillon qu'il s'était tracé ; il le
creusait chaque jour davantage, le fécondait par un travail
quotidien, et y jetait, sous la forme des principes les plus
sûrs et des appréciations les plus justes, une semence de
vérités utiles à tous, consacrées par l'expérience et presque toujours acceptées par la pratique.

Qui pourrait dire le nombre des questions qui lui ont
été soumises et qu'il a résolues : questions de droit com-
mun ou de devoirs professionnels, de procédure civile ou
de pratique notariale, de compétence ou de formalités
dans la rédaction des actes. Il voyait chaque jour ces
questions naître et renaître sous ses yeux, soit qu'elles
n'eussent pas encore été résolues en principe, soit qu'elles
vinssent à se présenter sous une forme et avec une appli-
cation nouvelles qui appelaient, par suite, une nouvelle
réponse. Cette réponse était toujours exacte, claire et
précise, et en réduisant à leur juste valeur les difficultés
réelles, elle écartait du terrain de la discussion celles qui
parfois étaient imaginaires.

M. Lefebvre suivait en même temps d'un regard attentif nos débats judiciaires, ceux de la Cour de cassation comme ceux de nos Cours d'appel. Il mettait sous les yeux de ses lecteurs les décisions de la jurisprudence, et signalait tout particulièrement à leur attention celles qui pouvaient guider les notaires dans leur pratique journalière.

Mais souvent M. Lefebvre élargissait le cadre de ses observations et leur donnait la forme d'une véritable discussion juridique. Ainsi a-t-il réussi, depuis 1861 jusqu'en 1878, à enrichir ce journal d'une série d'études si complètes et si remarquables, qu'il nous est aujourd'hui facile de suivre, à leur lumière, la marche de la jurisprudence pendant les dix-sept dernières années. Nous conseillerions volontiers à tous nos lecteurs de relire ces études; elle sont écrites d'une main ferme et sûre, dans un style sobre et correct, net et précis, en un mot dans la vraie langue du droit.

Les sujets qu'elles traitent sont aussi variés qu'intéressants : donations, testaments, substitutions, contrats de mariage, ventes, mandats, priviléges, hypothèques, il passe tout en revue, s'appuyant tour à tour sur la doctrine et sur la jurisprudence, et déduisant avec soin les raisons pour lesquelles il adopte ou rejette l'opinion des auteurs ou la pensée des arrêts.

Il serait trop long d'énumérer ici toutes les questions que notre éminent prédécesseur a su ainsi approfondir. Mais, pour ne citer que les plus récentes, qui n'a remarqué par exemple avec quelle finesse et quelle sûreté de jugement, il a discuté, après le Tribunal de la Seine, la question de savoir si le créancier hypothécaire qui n'a pas été utilement colloqué sur le prix des biens affectés au paiement de sa créance, peut former une demande en paiement de cette créance, afin de prendre, en vertu d'un jugement, une inscription d'hypothèque judiciaire sur tous les immeubles du débiteur?

Nos lecteurs, et plus particulièrement ceux d'entre eux qui appartiennent au notariat, ont de même présents à la mémoire les articles dans lesquels était exposé et résumé avec une clarté parfaite l'état de la jurisprudence, en ce qui concerne les conflits d'attributions entre notaires et commissaires-priseurs.

L'auteur de ces articles, obéissant avant tout à ce sentiment de droiture et de loyauté qui le guidait en toutes choses, laisse la place la plus large à la doctrine qu'il combat, afin de la montrer dans tout son jour, et de permettre à tout observateur impartial et attentif de la juger lui-même. Il se contente, pour achever de jeter la lumière et la conviction dans les esprits, d'opposer aux arguments qu'il rencontre dans les arrêts quelques raisons simples et décisives. Ces raisons sont exposées avec netteté, sagesse et modération, et témoignent toutes de cette science profonde qui joignait à son premier mérite le charme de s'ignorer elle-même.

N'est-ce pas là également l'impression qu'a dû produire chez tous ceux qui les ont lus, cette série d'articles pleins d'intérêt sur les infirmités physiques des parties ou des témoins instrumentaires, et sur les conséquences qui peuvent en résulter, au point de vue de la validité des actes notariés?

Ce travail forme une sorte de petit traité sur la matière : on y rencontre, à côté d'idées originales et d'aperçus nouveaux, une analyse fidèle et complète de la jurisprudence, sur laquelle M. Lefebvre prend son point d'appui et qui, au lendemain même de ses articles, devait offrir à sa doctrine un soutien nouveau[1].

Les principes sont exposés avec méthode, les conséquences clairement déduites, et la rigueur des textes tempérée, comme elle doit l'être, par les exigences de la pratique. Ces articles devaient, hélas! clore la liste de tous ceux que M. Lefebvre a donnés à ce journal : il en traçait les derniéres lignes quelques semaines avant sa mort !

Aussi peut-on dire, sans rien exagérer, que la mort l'a trouvé debout à son poste : elle l'a frappé d'un coup soudain, comme le soldat sur le champ de bataille, en nous laissant la triste mission de recueillir les armes avec lesquelles il avait vaillamment combattu.

Nous le comprenons aujourd'hui mieux que personne, M. Lefebvre était un de ces hommes auxquels on peut succéder, mais qu'on ne saurait jamais remplacer. En mesurant notre valeur à la sienne, nous serions tenté d'éprouver quelque crainte, si nous ne trouvions à côté de nous d'actifs et intelligents collaborateurs qui ont été pendant longtemps les meilleurs auxiliaires de M. Lefebvre et qui demeurent aujourd'hui, avec nous, les fidèles héritiers de sa doctrine. Nous nous sentons d'ailleurs soutenu par la bienveillance de nos lecteurs et nous leur promettons, en

---

1. Par un arrêt de la Chambre des requêtes en date du 17 décembre 1878, la Cour de cassation a rejeté le pourvoi formé contre l'arrêt de la Cour de Limoges du 5 juin 1878 qui avait servi de point de départ aux articles ci-dessus rappelés.

retour, tous les efforts de notre zèle et de notre dévoue-
ment.

Nous savons à quel point notre regretté prédécesseur
était attaché de cœur et d'esprit à la cause des notaires,
combien il était jaloux de leurs droits, soucieux de leurs
intérêts, et, jusqu'au dernier moment, défenseur résolu de
leurs prérogatives légales. C'est sous cette inspiration
qu'il avait écrit ce savant ouvrage sur la *Discipline notariale*, fruit d'un long et patient travail, accueilli avec
faveur par les juges les plus éclairés, et couronné bientôt
par un éclatant succès.

L'esprit qui anime l'œuvre de M. Lefebvre sera le nôtre ;
nous ne laisserons pas périr entrer nos mains les traditions
qu'il nous a léguées, et le concours éclairé de nos lecteurs
nous aidera à les soutenir dignement.

Félix Bonnet,

Docteur en droit,
avocat au Conseil d'État et à la Cour de cassation,
rédacteur en chef du *Journal du Notariat*.

EXTRAIT

DE LA

GAZETTE DES TRIBUNAUX

DU 8 JANVIER 1879[1]

« Entré en 1861 au Barreau de nos deux juridictions les plus élevées, M. Alphonse Lefebvre, y avait conquis l'estime et les sympathies de tous par son caractère et par son talent, aussi bien que par les meilleures qualités de l'esprit et du cœur.

« Il avait eu l'heureuse fortune de préparer sa carrière à l'école de l'éminent avocat[2] qui, après avoir illustré le Barreau du Conseil d'État et de la Cour de cassation, devint, en 1869, le chef du parquet de la Cour et fut, lui aussi, prématurément enlevé. Sous la direction d'un tel maître, dont il avait été pendant dix années le collaborateur assidu et particulièrement apprécié, il avait appris, avec la science du droit et la pratique des affaires, l'amour du travail, l'attachement aux devoirs de sa profession et l'exemple des scrupules les plus délicats.

« M. Lefebvre avait publié dans ces derniers temps un traité en deux volumes sur la discipline du notariat, et il avait pu déjà constater le succès de cette œuvre considérable écrite avec la compétence éprouvée d'un jurisconsulte qui, depuis plus de quinze ans, donnait périodiquement au *Journal du Notariat*, dont il était le conseil habituel, tantôt des dissertations doctrinales sur certains points de législation ou de jurispru-

---

1. Article dû à la plume de M. Farjon.
2. M. Paul Fabre.

dence, tantôt des consultations demandées au journal par les notaires, ses clients.

« Cette publication a été accueillie, en effet, avec une faveur marquée par la Magistrature autant que par le Notariat, qu'elle intéresse principalement, comme le fut le livre que l'auteur consacra, en 1864, à la matière de l'*Emploi et du Remploi en rentes sur l'État*, et dans lequel il commentait avec talent la loi du 2 juillet 1862. »

L. Lesort, Éditeur d'Images Religieuses, 5, rue de Grenelle-Saint-Germain, à Paris.
Specialité de Souvenirs mortuaires.

Paris. — Charles Unsinger, imprimeur, 83, rue du Bac.